ALPHABET

DES ÉCOLES PRIMAIRES

EXTRAIT

DE L'ALPHABET ET PREMIER LIVRE DE LECTURE

AUTORISÉ

PAR LE CONSEIL DE L'INSTRUCTION PUBLIQUE

PRIX : broché, 10 centimes ; cartonné, 15 centimes

PARIS

LIBRAIRIE DE L. HACHETTE ET Cie

RUE PIERRE-SARRAZIN, No 14

ET CHEZ FIRMIN DIDOT FRÈRES

Rue Jacob, no 56

858   1855

AVIS DES ÉDITEURS.

Tout exemplaire de cet ouvrage non revêtu de notre griffe sera réputé contrefait.

L. Hachette et Cie

Ch. Lahure, imprimeur du Sénat et de la Cour de Cassation
(ancienne maison Crapelet), rue de Vaugirard, 9.

ALPHABET.

Ier EXERCICE.

LETTRES MAJUSCULES.

A B C D E F G H I
J K L M N O P Q
R S T U V X Y Z

LETTRES MINUSCULES.

a b c d e f g h i
j k l m n o p q
r s t u v x y z

LETTRES ITALIQUES.

a b c d e f g h i
j k l m n o p q
r s t u v x y z

IIe EXERCICE.

SONS OU VOYELLES SIMPLES.

A a *a*
a-mi.

   Â â *á*
â-ne.

E e *e*
de-mi.

   É é *é*
é-té.

È è *è*
mè-re.

   Ê ê *ê*
tê-te.

I i *i*   Î î *î*
i-ma-ge.   î-le.

   Y y *y*
ly-re.

O o *o*
o-bo-le.

   Ô ô *ó*
ô-té.

U u *u*
mu-tin.

   Û û *û*
mû-re.

Accent aigu (´); accent grave (`);
accent circonflexe (^).

IIIᵉ EXERCICE.

ARTICULATIONS OU CONSONNES SIMPLES.

B b *b*
ro-*be*.

P p *p*
pa-*pe*.

C c *c*   K k *k*
roc.   *ki*-lo-gram-me.

Q q *q*
pi-*que*.

G g *g*
fi-*gue*.

J j *j*
je.

D d *d*
mo-*de*.

T t *t*
pâ-*te*.

F f *f*
ca-ra-*fe*.

V v *v*
ri-*ve*.

L l *l*
pô-*le*.

R r *r*
ma-*re*.

M m *m*
da-*me*.

N n *n*
lu-*ne*.

S s *s*   Z z *z*
en-tor-*se*.   ga-*ze*.

X x *x*
fi-*xe*.

H h *h* aspirée
la *h*ar-pe.

H h *h* muette
l'*h*a-bi-tu-de.

IVᵉ EXERCICE.

VALEUR EXCEPTIONNELLE DE QUELQUES LETTRES.

(Dans cet Exercice, le maître se bornera à faire prononcer par les enfants les lettres dont la valeur est exceptionnelle, et leur fera comprendre de vive voix en quelles circonstances les exceptions ont lieu.)

E comme È devant *b, p, c, g, d, t, f, l, r, s,*
lorsque ces lettres sont finales ou qu'elles sont suivies d'une seconde consonne, et devant *x*.

> Ho-reb; rep-ti-le; pec-to-ral; fleg-me; Ed-mond; net; nef; Ba-bel; er-mi-te; pes-te; ex-trê-me.

C comme S, devant *e, i, y :*

> ce-la; ci-té; cy-gne.

Ç comme S, devant *a, o, u :*

> fa-ça-de; fa-çon; re-çu.

G comme J, devant *e, i, y :*

> ju-ge; rou-gi; É-gyp-te.

S comme Z, entre deux voyelles :

> ro-sé; dé-sir; re-po-soir.

T comme S, devant *ieux, ion, ial :*

> mi-nu-tieux; na-tion; mar-tial.

X comme ḠZ :

> Xé-no-phon; ex-il.

Ve EXERCICE.

SONS ET ARTICULATIONS COMPOSÉS.

SONS COMPOSÉS DANS LA FORME SEULEMENT.

au	eu	ou	ie	ue
é-*tau.*	ne-*veu.*	hi-*bou.*	*pie.*	*rue.*

an	in	on	un
ma-*man.*	la-*pin.*	sa-*von.*	a-*lun.*

SONS COMPOSÉS OU DIPHTHONGUES.

ia	ié	iè	io	oi
dia-ble.	pi-*lié.*	*fiè*-vre.	*fio*-le.	*roi.*

ieu	ian	ien	ion
Dieu.	*vian*-de.	*bien.*	*pion.*

oin	oui	ui	uin
foin.	*oui.*	*lui.*	*juin.*

ARTICULATIONS COMPOSÉES DANS LA FORME SEULEMENT.

ch	ph	gn	qu	gu	ge
va-*che.*	pa-ra-*phe.*	vi-*gne.*	Pâ-*que.*	va-*gue.*	ga-*geu*-re.

ARTICULATIONS COMPOSÉES.

bl	pr	gl	st	scr
*bl*an-che.	*pr*in-ce.	*gl*an-de.	*st*an-ce.	*scr*u-pu-le.

VIᵉ EXERCICE.

SONS SIMPLES

PRÉCÉDÉS D'UNE ARTICULATION SIMPLE OU COMPOSÉE DANS LA FORME
SEULEMENT.

ba	**be**	**bé**	**bè**	**bê**
ba-gue.	ro-*be*.	*be*-nir.	*bè*-gue.	*bé*-te.
bi	**bo**	**bu**	**bâ**	**bû**
bi-jou.	*bo*-bi-ne.	*bu*-tin.	*bâ*-ton.	*bû*-che.
pe	**pé**	**pè**	**pê**	**pi**
pe-lu-re.	*pé*-ché.	*pè*-re.	*pé*-che.	*pi*-ton.
po	**pu**	**pâ**	**pa**	**py**
po-li.	*pu*-re-té.	*pâ*-te.	*pa*-*pa*.	*py*-ra-mi-de.
ce	**cé**	**cè**	**ci**	**cy**
pla-*ce*.	*cé*-le-ri.	*cè*-dre.	*ci*-té.	*cy*-gne.
co	**cô**	**ca**	**cu**	**câ**
co-ton.	*cô*-te.	*ca*-fé.	*cu*-ve.	*câ*-lin.
ka	**ki**	**ko**	**gâ**	**ga**
Mo-*ka*.	*ki*-lo-mè-tre.	*Ko*-ran.	*gâ*-che.	*ga*-tou.
go	**gu**	**gé**	**ge**	**gî**
go-be-let.	lé-*gu*-me.	*gé*-nie.	*ge*-nou.	*gî*-te.
jo	**ju**	**ja**	**je**	**jé**
jo-li.	*ju*-pon.	*ja*-lon.	*je*-ton.	*Jé*-rò-me.

Suite du VIe Exercice.

di	do	dy	du	de
di-re.	i-*do*-le.	*dy*-na-stie.	*du*-pe.	din-*de.*
da	dé	dè	dô	dî
da-me.	*dé*-mon.	mo-*dè*-le.	*dô*-me.	*dî*-me.
ta	ti	to	ty	tu
ta-pe.	*ti*-roir.	*to*-tal.	*ty*-ran.	*tu*-mul-te.
te	tâ	té	tô	tê
te-nir.	*tâ*-che.	*té*-moin.	*tô*-le.	*té*-le.
fu	fâ	fe	fa	fé
fu-ti-le.	*fâ*-ché.	*fe*-mel-le.	*fa*-tal.	*fé*-cu-le.
fè	fê	fi	fo	va
fè-ve.	*fê*-te.	dé-*fi*.	*fo*-lie.	*va*-ni-té.
vo	vi	vu	ve	vé
vo-leur.	*vi*-pè-re.	pour-*vu*.	*ve*-nir.	*vé*-rité.
vê	le	la	lé	lè
vé-tir.	*le*-vu-re.	*la*-me.	*lé*-gal.	é-*lè*-ve.
lo	li	ly	lu	lâ
lo-cal.	*li*-me.	*ly*-re.	*lu*-tin.	*lâ*-che.
re	ri	ro	ru	ra
re-di-*re*.	*ri*-de.	*ro*-se.	*ru*-ral.	*ra*-re.
rê	ré	me	mé	mè
ré-ve.	cu-*ré*.	*me*-lon.	*mé*-ri-te.	*mè*-re.

Fin du VI° Exercice.

mê	mi	mo	mu	ma
mé-me.	a-mi.	mo-du-le.	mu-tin.	ma-tin.
nè	ni	no	nu	ne
nè-gre.	ni-che.	no-te.	nu-que.	ne-veu.
na	né	su	sa	se
na-tu-re.	né-ga-tion.	su-reau.	sa-me-di.	se-rin.
sé	sè	si	so	sy
sé-vè-re.	sè-che.	si-gne.	so-li-de.	Sy-rie.
zé	zo	zè	zu	ze
zé-ro.	zo-ne.	zè-le.	a-zu-ré.	ga-ze.
zi	za	zy	xa	xé
zi-za-nie.		a-zy-me.	(il) fi-xa.	ta-xé.
cha	che	chi	chê	cho
cha-ri-té.	che-min.	chi-ca-ne.	chê-ne.	cho-qué.
chu	chy	phi	pha	pho
chu-te.	chy-le.	phi-lo-so-phe.	pha-re.	pho-que.
phé	gna	gné	gni	gno
phé-nix.	(il) ga-gna.	ro-gné.	bé-ni-gni-té.	i-gno-ré.
qua	qui	quo	quê	gue
qua-li-té.	qui-con-que.	quo-ti-dien.	quê-te.	þa-gue.
gué	gui	geô	geu	gea
gué-ri-te.	gui-de.	geô-le.	ga-geu-re.	(il) ran-gea.

VIIe EXERCICE.

SONS COMPOSÉS

PRÉCÉDÉS D'UNE ARTICULATION SIMPLE OU COMPOSÉE
DANS LA FORME SEULEMENT.

feu **mou** **rue** **vue** **tie**

feu. *mou*-lin. *rue.* re-*vue.* or-*tie.*

mie **tan** **tin** **vin** **mon**

a-*mie.* *tan*-te. mu-*tin.* di-*vin.* *mon*-de.

tié **miè** **pio** **moi** **boi**

a-mi-*tié.* lu-*miè*-re. *pio*-che. *moi*-tié. *boi*-re.

loi **lieu** **pieu** **tien** **lien**

loi. mi-*lieu.* *pieu.* *tien.* *lien.*

tui **sui** **rui** **fia** **cun**

é-*tui.* *sui*-vi. *rui*-né. *fia*-cre. cha-*cun.*

soin **moin** **coin** **join**

soin. té-*moin.* *coin.* *join*-tu-re.

chou **chan** **chon** **chien**

chou. *chan*-son. bou-*chon.* *chien.*

choi **gnon** **gnan** **quan**

mâ-*choi*-re. mi-*gnon.* poi-*gnan*-te. *quan*-liè-me.

quin **geoi** **qu'un** **gean**

quin-ze. na-*geoi*-re. quel-*qu'un.* chan-*gean*-te.

VIIIᵉ EXERCICE.

SONS SUIVIS D'UNE OU DE DEUX ARTICULATIONS.

ab	**ap**	**ac**	**ad**	**af**
ab-ject.	*ap*-pel.	*ac*-ca-blé.	*ad*-mi-ré.	*af*-fi-che.
al	**ar**	**ag**	**as**	**at**
al-cô-ve.	*ar*-du.	*ag*-nat.	*as*-su-ré.	*at*-mos-phè-re.
if	**ig**	**ir**	**il**	**im**
if.	*ig*-né.	*Ir*-lan-de.	*il.*	*im*-mo-bi-le.
is	**ob**	**oc**	**of**	**ol**
Is-lan-de.	*ob*-jet.	*oc*-to-bre.	*of*-fi-ce.	*ol*-fac-tif.
op	**or**	**os**	**ox**	**ul**
op-té.	*or*-dre.	*os.*	*Ox*-ford.	*ul*-té-rieur.
up	**ur**	**us**	**ut**	**ef**
Up-sal.	*ur*-ne.	*us*-ten-si-le.	*ut.*	*ef*-fi-ca-ce.
el	**ep**	**er**	**es**	**et**
el-lé-bo-re.	*ep*-ta-go-ne.	*er*-reur.	*es*-ca-dre.	*et* cæ-te-ra.
ex	**ours**	**onc**	**act**	**ars**
ex-ta-se.	*ours.*	*one*-tion.	ex-*act.*	mars.
ect	**erf**	**urc**	**usc**	**isc**
di-*rect.*	cerf.	Turc.	busc.	fisc.
aps	**arc**	**alc**	**est**	**ist**
re-*laps.*	arc.	talc.	ou-*est.*	Christ.

IXᵉ EXERCICE.

SONS PRÉCÉDÉS ET SUIVIS D'UNE ARTICULATION.

bal	**bar**	**ber**	**bec**	**bir**
bal.	*bar*-que.	*ber*-ge.	*bec.*	four-*bir.*
bis	**bor**	**bol**	**bour**	**bus**
bis.	*bor*-ne.	*bol.*	*bour*-don.	*bus*-te.
pal	**par**	**pel**	**per**	**pes**
pal-me.	*par*-don.	*pel*-le.	*per*-te.	*pes*-te.
pir	**pis**	**pol**	**ponc**	**por**
sou-*pir.*	*pis*-to-let.	*pol*-tron.	*ponc*-tu-el.	*por*-te.
pos	**puis**	**pur**	**cal**	**cap**
pos-te.	*puis*-que.	*pur*-ga-tion.	*cal*-me.	*cap.*
car	**cer**	**cir**	**cinq**	**col**
car-te.	*cer*-tain.	*cir*-cuit.	*cinq.*	ré-*col*-te.
cor	**ques**	**kios**	**gar**	**gel**
cor-de.	*ques*-tion.	*kios*-que.	*gar*-de.	dé-*gel.*
ger	**jar**	**jus**	**det**	**dic**
ger-me.	*jar*-din.	*jus*-te.	*det*-te.	*dic*-ter.
dif	**dor**	**dur**	**tal**	**tar**
tar-*dif.*	*dor*-mir.	*dur*-cir.	mé-*tal.*	*tar*-der.
tour	**tel**	**tir**	**toc**	**tor**
au-*tour.*	au-*tel.*	par-*tir.*	*toc*-sin.	*tor*-dre.

Suite du IX⁶ Exercice.

far	fer	fes	fil	for
far-ce.	*fer-*mer.	*fes-*tin.	*fil-*tre.	*for-*ce.
val	vas	ver	veuf	vic
che-*val.*	*vas-*te.	*v*er-tu.	*veuf.*	*vic-*ti-me.
vif	vir	voir	lac	lar
vif.	*vir-*gu-le.	de-*voir.*	*lac.*	*lar-*ge.
lec	les	lir	ler	res
*lec-*tu-re.	*les-*te.	po-*lir.*	a-*ler-*te.	*res-*te.
rir	roc	mal	mar	mer
mou-*rir.*	*roc.*	a-ni-*mal.*	*mar-*ché.	*mer-*le.
mor	mul	nal	nif	nir
*mor-*tel.	*mul-*ti-ple.	jour-*nal.*	ca-*nif.*	jau-*nir.*
nour	nul	nel	sal	sar
*nour-*ri-cei	*nul.*	é-ter-*nel.*	*sal-*pê-tre.	*sar-*di-ne.
ser	soc	sol	sor	sub
*ser-*pe.	*soc.*	*sol.*	*sor-*tir.	*sub-*ve-nir.
suc	sur	sieurs	zur	char
suc.	*sur-*pri-se.	plu-*sieurs.*	a-*zur.*	*char-*bon.
chef	cher	phar	gnal	gnol
chef.	*cher.*	*phar-*ma-cie.	si-*gnal.*	Es-pa-*gnol.*

Xe EXERCICE.

SONS PRÉCÉDÉS D'UNE ARTICULATION COMPOSÉE.

bla ble blé blê bli

sem-*bla-ble*. *blé*. *blé=me*. ou=*bli*.

blo blu blou bre bré

blo-cus. *blu-toir*. *blou-se*. ar-*bre*. a-*bré-gé*.

brè bri bro bru bra

brè-che. *bri-que*. *bra-che*. *bru=tal*. *bra-ve*.

breu brie brun pla plé

hé-*breu*. *Brie*. *brun*. *pla-ce*. dé-cu-*plé*.

plè pli plo plu plie

plè-vre. *pli*. ex-*plo-ré*.- *plu-me*. rem-*plie*.

plon pra pre pré prê

plon-ger. *pra=ti-que*. *pre-mier*. *pré*. *pré-tre*.

pri pro pru preu prin

pri-vé. *pro*-blè-me. *pru-ne*. *preu-ve*. *prin-ce*.

prou pneu psau cla cle

prou-ver. *pneu-mo-nie*. *psau-me*. *cla-meur*. ob-sta-*cle*.

clé cli clo clô clu

clé-ment. *cli*-mat. *clo-che*. *clô-tu-re*. con-*clu*.

clan cloi clou clin cra

clan-des-tin. *cloi-son*. *clou*. *clin*-quant. *cra-va-te*.

Suite du Xe Exercice.

cri	cro	cru	cré	crè
cri.	*cro-co-di-le.*	*cru-che.*	*cré-dit.*	*crè-me.*

croi	crue	gla	gli	glu
croi-sée.	*re-crue.*	*gla-ce.*	*é-gli-se.*	*glu.*

gle	glé	glè	glo	glan
san-gle.	*ré-glé.*	*glè-be.*	*glo-be.*	*glan-de.*

gri	gru	gre	gré	grè
gri-ve.	*gru-ger.*	*mai-gre.*	*a-gré-a-ble.*	*grè-ve.*

gra	grâ	grê	grue	groin
gra-ve.	*grâ-ce.*	*grê-le.*	*grue.*	*groin.*

dra	dro	drô	dru	dre
dra-gée.	*dro-gue.*	*drô-le.*	*dru.*	*fou-dre.*

drê	dré	dri	dran	dron
drê-che.	*pou-dré.*	*at-ten-dri.*	*ca-dran.*	*chau-dron.*

droi	mné	tre	trè	tro
droi-tu-re.	*mné-mo-ni-que.*	*mon-tre.*	*trè-fle.*	*tro-pi-que.*

trô	tru	tra	tri	trou
trô-ne.	*tru-el-le.*	*tra-me.*	*tri-co-ler.*	*trou.*

tron	trui	fla	flè	flo
pol-tron.	*au-trui.*	*fla-con.*	*flè-che.*	*flo-re.*

fli	flu	fleu	frè	frê
in-fli-ger.	*flu-xion.*	*fleu-ve.*	*frè-re.*	*frê-ne.*

Suite du Xᵉ Exercice.

fro fra fri fru fre

fro-ma-ge. fra-cas. fri-mas. fru-gal. sou-fre.

vré vro vra vri sbi

re-cou-vré. che-vro-ter. ou-vra-ge. ap-pau-vri. sbi-re.

sco sca scy spo spa

sco-lai-re. sca-pu-lai-re. Scy-the. spo-lia-tion. spa-tu-le.

spi spé spu sphè sque

spi-ra-le. spé-ci-al. spu-meux. sphè-re. sque-let-te.

stè sto sta sti sté

stè-re. sto-re. sta-tion. sti-mu-ler. sté-ri-le.

sty stu chla chlo

sty-le. stu-dieux. chla-my-de. chlo-re.

chrê chré chri chro

(saint)chrê-me. chré-tien. Christ. chro-me.

chry phra phre phry

chry-sa-li-de. phra-se. cam-phre. Phry-gi-e.

phlé phthi scru scri

Phlé-gé-thon. phthi-si-que. scru-tin. scri-be.

scro scrip stra stri

scro-fu-leux. in-scrip-tion. stra-ta-gè-me. stri-dent.

stran stro stru splen

stran-gu-la-tion. stro-phe. stru-ctu-re. splen-deur.

XIe EXERCICE.

SONS ÉQUIVALENTS.

se prononcent

eu, œu.					**e**
heu-re. sœur.					
ai, er, et. . . . . . . , . . .					**é**
j'ai-mai. sou-per. et.					
ei, ai, ey, et, est, œ. . .					**è**
rei-ne. ai-de. le dey, ca-det. est. Œ-di-pe.					
ier, iez.					**ié**
pre-mier. vous vou-liez.					
au, eau					**ô**
au-be. ba-teau.					
u.					**o**
rhum ou rum (ro-me); pen-sum; ma-xi-mum.					
am, em, en					**an**
lam-pe. em-pi-re. ven-te.					
im, ym, aim.					**in**
im-bu. tym-pan. faim.					
ein, yn, ain, en.					
sein. syn-co-pe. pain. nien.					
om.					**on**
bom-be.					
um, eun.					**un**
par-fum. à jeun.					
y.					**ii**
moyen (moi-ien); pays (pai-is).					

XIIᵉ EXERCICE.

EXCEPTIONS ET DIFFICULTÉS.

Ĉ pour G
se-cond (se-gond).

CH pour C
ar-*chan*-ge (ar-can-ge).

CH pour G
dra*ch*-me (drag-me).

GUI pour GU-I
ai-*gui*-ser (ai-gu-i-ser).

GUË pour GU-E
ci-*guë*[1] (ci-gu-e).

QU pour CU
é-*qui*-ta-tion (é-cui-ta-tion).

S pour Z
bal-*s*a-mi-ne (bal-za-mi-ne).

TZ pour SS
Me*tz* (Mes-se).

X pour SS
Au-*x*on-ne (Aus-son-ne).

X pour Z
di-*x*iè-me (di-ziè-me).

Z pour S
Rode*z* (Rodès).

U pour OU
é-qua-teur (é-quoua-teur).

Autres Exemples.

cha-os. se-con-der. *cho*-lé-ra. li-*qué*-faction.
ca-os.   se-gon-der.   co-lé-ra.   li-cué-fac-tion.

Al-*sa*-ce. san-*gui*-no-lent. Bru-*x*el-les. ai-*guë*.
Al-za-ce   san-gu-i-no-lent.   Brus-sel-les.   ai-gu-e.

Au-*x*er-re. *qui*n-tu-ple. San-chez. si-*x*iè-me.
Aus-ser-re.   cuin-tu-ple.   San-chès.   si-ziè-me.

*qu*es-teur. am-bi-*guë*. soi-*x*ante. Suez.
cues-teur.   am-bi-gu-e.   sois-san-te.   Su-és.

Cha-na-an. deu-*x*iè-me. é-*qua*-tion. ai-*gu*ill-on.
Ca-na-an.   deu-ziè-me.   é-coua-tion.   ai-gu-ill-on.

1. Faire remarquer aux enfants la valeur des deux points placés sur l'E et qu'on appelle *tréma*.

XIIIᵉ EXERCICE,

L ou LL MOUILLÉES.

il	ill	ail	aill	eil
pé-r*il*.	f*ill*-e.	bé-t*ail*.	tra-va*ill*-ant,	so-l*eil*,

eill	œil	œill	uill	ieil
a-b*eill*-e.	œil.	œill-et.	ai-gu*ill*-e.	vi*eil*.

ieill	euil	euill	ouil	ouill
vi*eill*-ard,	d*euil*.	f*euill*-e.	fe-nou*il*.	bou*ill*-on.

Autres Exemples.

s*euil*. re-c*ueil*. b*áill*-on. fau-t*euil*. cer-f*euil*. co-qu*ill*-e. ba-b*il*. m*il* (millet). a-vr*il*. an-g*uill*-e. é-tr*ill*-e. ba-b*ill*-e. fa-m*ill*-e. o-r*eill*-e. bou-t*eill*-e. mer-v*eill*-e. gro-s*eill*-e. char-m*ill*-e. ha-b*ill*-e. che-n*ill*-e. tr*ill*-e. or-t*eil*. é-v*eil*. o-s*eill*-e. som-m*eil*. con-s*eil*. por-t*ail*. ca-m*ail*. *ail*. gen-t*ill*-e. b*ail*. mu-r*aill*-e. v*eill*-e. m*aill*-e. p*aill*-e. c*aill*-e. pa-tr*ouill*-e. que-n*ouill*-e. ci-tr*ouill*-e. re-c*ueill*-ir. f*ouill*-er. bien-v*eill*-an-ce. gre-n*ouill*-e. d*ouill*-e. r*ouill*-e. vr*ill*-e. qu*ill*-e.

XIVᵉ EXERCICE.

SONS ET ARTICULATIONS QUI NE SE PRONONCENT PAS.

Saône. taon. Caen. as-seoir. Laon. paon. faon.
Sô-ne. ton. Can. a-ssoir. Lan. pan. fan.

fils. mon-sieur. pouls. toast. août. clef.
fis. mo-sieu. pou. tost. out. clé.

Goth. al-ma-nach. domp-té. pen-sée. joie.
Go. al-ma-na. don-té. pen-sé. joi.

sang-sue. oi-gnon. dévoue-ment. il nie-ra.
san-sŭ. o-gnon. dé-vou-ment. il ni-ra.

ARTICULATIONS FINALES QUI NE SE PRONONCENT QUE LORS-
QU'ELLES SONT SUIVIES D'UN MOT QUI COMMENCE PAR UNE
VOYELLE OU UNE H MUETTE.

es-to-mac. blanc. mè-res. long. rang.
es-to-ma. blan. mè-re. lou. ran.

froid. mont. pot. sang. franc.
froi. mon. po. san. fran.

es-prit. tout. bout. saint. pe-tit.
es-pri. tou. bou. sain. petit.

plus. mais. gens. heu-reux. hon-teux
plu. mai. gen. heu-reu. hon-teu.

paix. (ils) pen-sent. il vient. tiers.
pai. il pen-se. il vien. tier.

XVe EXERCICE.

SIGNES ORTHOGRAPHIQUES.

.	,	;	:	!	?
point.	virgule.	point et virgule.	deux points.	point d'exclamation.	point d'interrogation.

'	¨	-	( )	« »
apostrophe.	tréma.	trait d'union.	parenthèse.	guillemets.

Exemples.

(On fera seulement dire aux enfants le nom des signes orthographiques.)

La candeur, la docilité, la simplicité sont les vertus de l'enfance.

La douceur est une vertu ; mais elle ne doit pas dégénérer en faiblesse.

Diogène dit à Alexandre : « Ôte-toi de mon soleil. »

Quel plaisir ! quel bonheur ! quelle joie ! chut ! quelle heure est-il ? comment allez-vous ? l'ami. l'union. qu'il. qu'elle. lorsqu'on. c'est. j'aime. s'occuper. l'herbe. Caïn. Saül. haï. naïf. ciguë. chef-d'œuvre. chef-lieu. arc-en-ciel. vingt-neuf.

Alors on aperçut (chose bien singulière !) l'ombre d'un homme.

XVIe EXERCICE.

LIAISON DES MOTS.

gran-*de* af-fai-re.   gran*d* hom-me.   ran*g*
gran-daf-fai-re.   gran-thom-me.   ran

é-le-vé. vou*s* ê-te*s* ai-ma-ble. bo*n* a-mi.
ké-le-vé.   vou-zê-te-zai-ma-ble.   bo-na-mi.

bon*s* a-mis.   *in*-oc-ta-vo.   al-lan*t* au pa*s*.
bon-za-mis.   i-noc-ta-vo.   al-lan-tau-pas.

lon*g* es-poir.   hon-teu*x* et con-fus.   je
lon-kes-poir.   hon-teu-zet-con-fus.   je

sui*s* en but-*te* aux in-ju-res.   c'es*t* as-sez.
sui-zen-but-tau-zin-ju-res.   c'es-tas-sez.

tro*p* in-jus-te.   il*s* on*t* eu.   mar-chan*d* am-
tro-pin-jus-te.   il-zon-tu   mar-chan-tam-

bu-lant.   j'ai froi*d* aux pieds.   ce sor*t* es*t*
bu-lant.   j'ai froi-taux-pieds.   ce sor-tes-

af-freux.   met*s* ex-cel-lent.   il*s* aimen*t* à
taf-freux.   met-zex-cel-lent.   il zai-mê-ta-

par-ler. li-*re* à hau-te voix. neu*f* hom-mes.
par-ler.   li-ra-hau-te voix.   neu-vhom-mes.

i*l* est si*x* heu-res. nou*s* a-von*s* as-sez é-crit.
i-lest-si zheu-res.   nou-za-von-zas-sé-zé-crit.

li-son*s* à pré-sent. a-mou*r* et pa-trie. al-lez
li-son-za-pré-sent.   a-mou-ret-pa-trie.   al-lè-

a-ve*c* el-le. vain-*cre* ou mou-rir. ve-nez én-
za-vé-kèl-le.   vain-crou-mou-rir.   ve-né-zen-

fants. com-bie*n* ê-tes-vous? fai-te*s* ap-pe-
fants.   com-bien-nê-tes-vous?   fai-te-zap-pe-

le*r* u*n* a-mi.
lé-run-na-mi.

XVIIe EXERCICE.

LE CORPS HUMAIN.

la tê-te.	le pa-lais.	le ven-tre.
les che-veux.	la lan-gue.	les han-ches.
le crâ-ne.	le men-ton.	les cuis-ses.
le cer-veau.	le cou.	les ge-noux.
les tem-pes.	la gor-ge.	les jar-rets.
le vi-sa-ge.	les é-pau-les.	les jam-bes.
le front.	les bras.	les mol-lets.
les sour-cils.	les cou-des.	le cou-de-pied.
les pau-piè-res.	les poi-gnets.	les pieds.
les cils.	les mains.	les or-teils.
les yeux.	les doigts.	la peau.
le nez.	les pou-ces.	les os.
les na-ri-nes.	les pha-lan-ges.	les ar-tè-res.
les joues.	les on-gles.	les vei-nes.
les o-reill-es.	le dos.	le sang.
la bou-che.	les cô-tes.	le tou-cher.
les lè-vres.	la poi-tri-ne.	la vue.
les mâ-choi-res.	les pou-mons.	l'ouïe.
les gen-ci-ves.	le cœur.	l'o-do-rat.
les dents.	l'es-to-mac.	le goût.

XVIIIᵉ EXERCICE.

LE CIEL, LA TERRE, LE TEMPS.

le ciel.

le so-leil.

les é-toi-les.

les pla-nè-tes.

la lu-ne.

la ter-re.

l'air.

les nu-a-ges.

le brouill-ard.

le vent.

la pluie.

la grê-le.

l'o-ra-ge.

les é-clairs.

le ton-ner-re.

les mon-ta-gnes

les vol-cans.

les val-lées.

l'eau.

les mers.

les fleu-ves.

les ri-viè-res.

les tor-rents.

les cas-ca-des.

les lacs.

les é-tangs.

les ruis-seaux.

les î-les.

les siè-cles.

les an-nées.

les sai-sons.

le prin-temps.

l'é-té.

l'au-tom-ne.

l'hi-ver.

les mois.

Jan-vier.

Fé-vrier.

Mars.

A-vril.

Mai.

Juin.

Juill-et.

Août.

Sep-tem-bre.

Oc-to-bre.

No-vem-bre.

Dé-cem-bre.

les se-mai-nes.

les jours.

di-man-che.

lun-di.

mar-di.

mer-cre-di.

jeu-di.

ven-dre-di.

sa-me-di.

les heu-res.

les mi-nu-tes.

les se-con-des.

XIXe EXERCICE.

MÉTAUX, PIERRES ET SUBSTANCES MINÉRALES.

l'or.	l'a-cier	la craie.
l'ar-gent.	la tô-le.	le mar-bre.
le pla-ti-ne.	le fer-blanc.	le grès.
le zinc.	le ci-ment.	le gra-nit.
l'é-tain.	le plâ-tre.	le cris-tal.
le cui-vre.	la chaux.	le dia-mant.
le mer-cu-re.	le sa-ble.	la tour-be.
le plomb.	l'ar-gi-le.	la houill-e.
le fer.	les schis-tes.	le bi-tu-me.

PRINCIPAUX ARBRES DE FRANCE.

le chê-ne.	le sau-le.	le mar-ron-nier
le char-me.	l'au-ne.	le châ-tai-gnier
le peu-plier.	l'if.	l'o-ran-ger.
le trem-ble.	le pin.	l'o-li-vier.
le hê-tre.	le sa-pin.	le pom-mier.
le frê-ne.	le mé-lè-ze.	le poi-rier.
le till-eul.	le cy-près.	le pru-nier.
l'é-ra-ble.	le buis.	le pê-cher.
le bou-leau.	le pla-ta-ne.	le no-yer.
l'or-me.	l'a-ca-cia.	le ce-ri-sier.

XXᵉ EXERCICE.

PRINCIPALES VILLES DE FRANCE ET DES AUTRES CONTRÉES
DE L'EUROPE.

Pa-ris.	Mos-çou.	Stutt-gard.
Ly-on.	Var-so-vie.	Franc-fort.
Mar-seill-e.	Lon-dres.	Leip-sick.
Bor-deaux.	Du-blin.	Ham-bourg.
Rou-en.	É-dim-bourg.	Ma-drid.
Nan-tes.	Man-ches-ter.	Bar-ce-lo-ne.
Tou-lou-se.	Glas-cow.	Pam-pe-lu-ne.
Lil-le.	Li-ver-pool.	Sé-vil-le.
Stras-bourg.	Bru-xel-les.	Lis-bon-ne.
Metz.	An-vers.	Ge-nè-ve.
Ver-saill-es.	Li-é-ge.	Tu-rin.
Le Ha-vre.	La Haye.	Gê-nes.
Cher-bourg.	Am-ster-dam.	Mi-lan.
Brest.	Có-lo-gne.	Ve-ni-se.
Lo-rient.	Ma-yen-ce.	Flo-ren-ce.
Ro-che-fort.	Ber-lin.	Ro-me.
Tou-lon.	Dres-de.	Na-ples.
Stoc-kholm.	Vi-en-ne.	Pa-ler-me.
Co-pen-ha-gue.	Pra-gue.	Constantinople
St-Pé-ters-bourg.	Mu-nich.	A-thè-nes.

MAXIMES

EXTRAITES DE LA BIBLE.

Sou-ve-nez-vous de vo-tre Cré-a-
teur pen-dant les jours de vo-tre
jeu-nes-se, a-vant que le temps de
l'af-flic-tion soit ar-ri-vé.

Le Sei-gneur con-ser-ve ceux qui
ont le cœur droit, et il pro-té-ge
ceux qui mar-chent dans la sim-
pli-ci-té.

La crain-te du Sei-gneur est le
com-men-ce-ment de la sa-ges-se.

Le sa-ge craint le mal et s'en dé-
tour-ne; l'in-sen-sé pas-se ou-tre, et
se croit en sû-re-té.

Mon fils, gar-dez ma loi et ob-ser-
vez mes con-seils, ils se-ront la vie
de vo-tre â-me; et vous ne crain-
drez point du-rant vo-tre som-meil;
vous re-po-se-rez tran-quil-le-ment
et dou-ce-ment;

Car le Sei-gneur con-dui-ra vos
pas, et vous em-pê-che-ra de tom-
ber dans les pié-ges.

SUITE DES MAXIMES.

Le mé-chant fuit sans ê-tre pour-sui-vi par per-son-ne ; mais le jus-te est har-di com-me un li-on, et ne craint rien.

Mon fils, ne tom-bez point dans l'a-bat-te-ment lors-que le Sei-gneur vous a châ-tié ;

Car le Sei-gneur châ-tie ce-lui qu'il ai-me, et se com-plaît en lui com-me un père dans son fils.

Les pen-sées mau-vai-ses sont en a-bo-mi-na-tion au Sei-gneur ; la pa-ro-le pu-re lui se-ra très-a-gré-a-ble.

L'in-sen-sé a dit dans son cœur : Il n'y a point de Dieu.

L'im-pie se-ra in-ter-ro-gé sur ses pen-sées, et ses dis-cours mon-te-ront jus-qu'à Dieu, qui les en-ten-dra pour le pu-nir de son i-ni-qui-té.

Le cœur de l'in-sen-sé est com-me un va-se rom-pu : il ne peut rien re-te-nir de la sa-ges-se.

Un cheval in-domp-té de-vient in-trai-ta-ble, et l'en-fant aban-don-né à sa vo-lon-té de-vient in-so-len*t*.

Le fil*s* qui es*t* sage es*t* la joi*e* du pè-*re*; le fil*s* in-sen-sé es*t* la tris-tes-se de la mè-re.

Ce-lui qui hai*t* la ré-pri-man-de mar-che sur les tra-ce*s* du mé-chan*t*.

É-cou-tez, en-fan*ts*, les a-vi*s* de vo-tre pè-re, et sui-vez-les, a-fin que vou*s* so-yez sau-vé*s*.

Ce-lui qui crain*t* le Sei-gneur ho-no-re-ra son pè-re et sa mè-re, et il ser-vi-ra com-me ses maître*s* ceu*x* qui lui on*t* don-né la vie.

Ce-lui qui ho-no-re son pè-re se-ra ex-au-cé au jour de sa pri-è-re.

La bé-né-dic-tion du pè-re af-fer-mi*t* la mai-son des en-fan*ts*, et la ma-lé-dic-tion de la mè-re la dé-truit jus-qu'au*x* fon-de-men*ts*.

SUITE DES MAXIMES.

Gar-dez la fi-dé-li-té à vo-tre a-mi pen-dant qu'il est pau-vre, a-fin que vous vous ré-jou-is-siez a-vec lui dans son bon-heur.

Ne di-tes point à vo-tre a-mi : *Al-lez, et re-ve-nez, je vous don-ne-rai de-main,* si vous pou-vez lui don-ner sur-le-champ.

Il est bon que vous as-sis-tiez le jus-te ; mais ne re-ti-rez pas non plus vo-tre main de ce-lui qui n'est pas jus-te : car ce-lui qui craint Dieu ne né-gli-ge rien.

Si vo-tre en-ne-mi a faim, don-nez-lui à man-ger ; et s'il a soif, don-nez-lui à boire : le Sei-gneur vous le ren-dra.

Ne mé-pri-sez pas ce-lui qui a faim, et n'ai-gris-sez pas le pau-vre dans son in-di-gen-ce.

La pri-è-re du pau-vre s'é-lè-ve-ra de sa bou-che jus-qu'aux o-reill-es de Dieu, et il se hâ-te-ra de lui fai-re jus-ti-ce.

FIN DES MAXIMES.

Ne fu-yez pas le travail, qui a é-té in-sti-tu-é par le Très-Haut.

Jus-qu'à quand dor-mi-rez-vous, pa-res-seux ?

Vous dor-mi-rez un peu ; vous join-drez vos mains l'u-ne dans l'au-tre pour vous en-dor-mir ; et ce-pen-dant l'in-di-gence vien-dra com-me un hom-me qui mar-che à grands pas, et la pau-vre-té, com-me un hom-me ar-mé, se sai-si-ra de vous.

Par-tout où l'on tra-vaill-e, là est l'a-bon-dan-ce ; mais, où l'on par-le beau-coup, l'in-di-gen-ce se trou-ve sou-vent.

Peu, a-vec la crain-te de Dieu, vaut mieux que de grands tré-sors qui ne ras-sa-si-ent point : peu, avec la jus-ti-ce, vaut mieux que de grands biens avec l'i-ni-qui-té.

Le pau-vre qui se suf-fit à lui-même vaut mieux qu'un hom-me glo-ri-eux qui n'a point de pain.

PRIÈRES

A L'USAGE DES CATHOLIQUES.

Au nom du Père, et du Fils, et du Saint-Esprit. Ainsi soit-il.

In nomine Patris, et Filii, et Spiritûs sancti. Amen.

L'ORAISON DOMINICALE.

Notre Père, qui êtes dans les cieux, que votre nom soit sanctifié, que votre règne arrive, que votre volonté soit faite en la terre comme au ciel ; donnez-nous aujourd'hui notre pain quotidien, et pardonnez nous nos offenses, comme nous pardonnons à ceux qui nous ont offensés ; et ne nous abandonnez point à la tentation, mais délivrez-nous du mal. Ainsi soit-il.

Pater noster, qui es in cœlis, sanctificetur nomen tuum: adveniat regnum tuum: fiat voluntas tua, sicut in cœlo et in terrâ. Panem nostrum quotidianum da nobis hodie, et dimitte nobis debita nostra, sicut et nos dimittimus debitoribus nostris. Et ne nos inducas in tentationem: sed libera nos a malo. Amen.

LA SALUTATION ANGÉLIQUE.

Je vous salue, Marie, pleine de grâce, le Seigneur est avec vous, vous êtes bénie entre toutes les femmes, et Jésus, le fruit de vos entrailles, est béni.

Sainte Marie, mère de Dieu, priez pour nous, pauvres pécheurs, maintenant et à l'heure de notre mort. Ainsi soit-il.

Ave Maria, gratiâ plena, Dominus tecum, benedicta tu in mulieribus, et benedictus fructus ventris tui, Jesus.

Sancta Maria, Mater Dei, ora pro nobis peccatoribus, nunc et in horâ mortis nostræ. Amen.

LE SYMBOLE DES APÔTRES.

Je crois en Dieu le Père tout-puissant, créateur du ciel et de la terre, et en Jésus-Christ, son Fils unique, notre Seigneur, qui a été conçu du Saint-Esprit, est né de la Vierge Marie, a souffert sous Ponce Pilate, a été crucifié, est mort et a été enseveli; est descendu aux enfers, et est ressuscité des morts le troisième jour; est monté aux cieux, et est assis à la droite de Dieu le Père tout-puissant, d'où il viendra juger les vivants et les morts.

Je crois au Saint-Esprit, à la sainte Église catholique, à la communion des saints, à la rémission des péchés, à la résurrection de la chair, à la vie éternelle. Ainsi soit-il.

Credo in Deum Patrem omnipotentem, creatorem cœli et terræ; et in Jesum Christum, Filium ejus unicum, Dominum nostrum, qui conceptus est de Spiritu sancto, natus ex Mariâ Virgine, passus sub Pontio Pilato, crucifixus, mortuus et sepultus: descendit ad inferos: tertiâ die resurrexit a mortuis: ascendit ad cœlos, sedet ad dexteram Dei Patris omnipotentis, unde venturus est judicare vivos et mortuos.

Credo in Spiritum sanctum, sanctam Ecclesiam

catholicam, Sanctorum communionem, remissionem pec-
catorum, carnis resurrectionem, vitam æternam. Amen.

LA CONFESSION DES PÉCHÉS.

Je confesse à Dieu tout-puissant, à la bienheureuse
Marie toujours vierge, à saint Michel archange, à saint
Jean-Baptiste, aux apôtres saint Pierre et saint Paul,
à tous les Saints, que j'ai beaucoup péché, par pensées,
par paroles et par actions ; j'ai péché par ma faute,
par ma faute, par ma très-grande faute. C'est pour-
quoi je supplie la bienheureuse Marie toujours vierge,
saint Michel archange, saint Jean-Baptiste, les apôtres
saint Pierre et saint Paul, tous les Saints, de prier
pour moi le Seigneur, notre Dieu.

Confiteor Deo omnipotenti, beatæ Mariæ semper vir-
gini, beato Michaeli archangelo, beato Joanni Baptistæ,
sanctis apostolis Petro et Paulo, omnibus Sanctis : quia
peccavi nimis cogitatione, verbo et opere, meâ culpâ,
meâ culpâ, meâ maximâ culpâ. Ideo precor beatam
Mariam semper virginem, beatum Michaelem archan-
gelum, beatum Joannem Baptistam, sanctos apostolos
Petrum et Paulum, omnes Sanctos, orare pro me ad
Dominum, Deum nostrum.

LES COMMANDEMENTS DE DIEU.

Un seul Dieu tu adoreras,
Et aimeras parfaitement.
Dieu en vain tu ne jureras,
Ni autre chose pareillement.
Les dimanches tu garderas

En servant Dieu dévotement.

Tes père et mère honoreras,
Afin de vivre longuement.

Homicide point ne seras,
De fait ni volontairement.

Luxurieux point ne seras,
De corps ni de consentement.

Le bien d'autrui tu ne prendras,
Ni retiendras à ton escient.

Faux témoignage ne diras,
Ni mentiras aucunement.

L'œuvre de chair ne désireras,
Qu'en mariage seulement.

Biens d'autrui ne convoiteras,
Pour les avoir injustement.

LES COMMANDEMENTS DE L'ÉGLISE.

Les fêtes tu sanctifieras,
Qui te sont de commandement.

Les dimanches messe ouïras,
Et les fêtes pareillement.

Tous tes péchés confesseras,
A tout le moins une fois l'an.

Ton Créateur tu recevras,
Au moins à Pâques humblement.

Quatre-Temps, Vigiles jeûneras
Et le Carême entièrement.

Vendredi chair ne mangeras
Ni le samedi mêmement.

Typographie de Ch. Lahure, rue de Vaugirard, 9.

EXTRAIT DU CATALOGUE
DE LA LIBRAIRIE DE L. HACHETTE ET Cⁱᵉ.

PETITE BIBLIOTHÈQUE DES ÉCOLES PRIMAIRES.

Iʳᵉ SÉRIE. — OUVRAGES D'UNE FEUILLE IN-18 (36 PAGES).
Prix : brochés, 10 centimes ; cartonnés, 15 centimes.

Alphabet. — Histoire moderne. — Histoire naturelle des animaux. — Inventions et découvertes. — Modèles typographiés des cinq genres d'écritures. — Récits moraux. — Télémaque (1ᵉʳ livre). — Traité de chimie. — Traité d'orthographe.

IIᵉ SÉRIE. — OUVRAGES D'UNE FEUILLE GRAND IN-18 (36 PAGES).
Prix : brochés, 15 centimes ; cartonnés, 20 centimes.

Arithmétique. — Choix de Fables. — Géographie de la France. — Géographie générale. — Grammaire française de Lhomond. — Histoire ancienne. — Histoire et morale de Jésus-Christ. — Histoire romaine. — Histoire sainte. — Lectures dans les manuscrits. — Notions de calcul. — Poids et mesures (les) du système métrique — Rois de France (les). — Traité de morale religieuse.

IIIᵉ SÉRIE — OUVRAGES DE DEUX FEUILLES IN-18 (72 PAGES).
Prix : brochés, 20 centimes ; cartonnés, 25 centimes.

Bonheur (le) par le devoir. — Catéchisme (petit) historique, par Fleury. — Civilité chrétienne. — Eléments de chronologie. — Histoire d'Allemagne. — Histoire d'Angleterre, d'Ecosse et d'Irlande. — Histoire d'Espagne. — Histoire de Portugal. — Livre de prières. — OEuvres choisies de Franklin. — Premières connaissances. — Premier livre de lecture. — Prieur (le) de Chamouny, fragments de morale. — Récit des prix Montyon, 2 vol. — Tablettes chronologiques de l'histoire ancienne.

IVᵉ SÉRIE. — OUVRAGES DE DEUX FEUILLES GRAND IN-18 (72 PAGES).
Prix : brochés, 25 centimes ; cartonnés, 30 centimes.

Histoire de l'Empire Ottoman. — Histoire de Russie. — Histoire d'Italie. — Histoire de Charles Renaud, ou le Conscrit de 1812. — Histoire de Prosper Brinquart, suivie de quelques preceptes d'hygiène et de diverses curiosités instructives. — Histoire du petit Jacques. — Modèle de l'apprenti. — Morale en action. — Mythologie. — Science (la) du bonhomme Richard. — Traité de la conjugaison des verbes.

Typographie PANCKOUCKE, rue des Poitevins, 8 et 14.

www.ingramcontent.com/pod-product-compliance
Lightning Source LLC
Chambersburg PA
CBHW060754280326
41934CB00010B/2486